دار جامعة حمد بن خليفة للنشر
HAMAD BIN KHALIFA UNIVERSITY PRESS

دار جامعة حمد بن خليفة للنشر
صندوق بريد 5825
الدوحة، دولة قطر

www.hbkupress.com

الطبعة العربية الأولى عام 2020

الترقيم الدولي: 9789927137846

تمت الطباعة في الدوحة، قطر.

مكتبة قطر الوطنية بيانات الفهرسة – أثناء – النشر (فان)

ويكفيروفيتز، بريزيميستاو، مؤلف.

[Forever Friends]. Arabic

أصدقاء دائماً / بريزيميستاو ويكفيروفيتز؛ رسوم إيميليا دزيوباك ؛ ترجمة ريما إسماعيل. الطبعة العربية الأولى. – الدوحة : دار جامعة حمد بن خليفة للنشر، 2020.

صفحة ؛ سم

تدمك: 978-992-713-784-6

ترجمة لكتاب: Forever Friends.

1. قصص الأطفال الإنجليزية. أ. دزيوباك، إيميليا، رسام. ب. إبراهيم، ريما، مترجم. ج. العنوان.

PZ10.731.W43 2020
892.737 – dc23

201927448368

أصدقاء دائمًا

تأليف: برزيميستاو ويكفير وفيتز
رسوم: إيميليا دزيوباك

ترجمة: ريما إسماعيل

دار جامعة حمد بن خليفة للنشر
HAMAD BIN KHALIFA UNIVERSITY PRESS

في غابةٍ كثيفةِ الأشجارِ عاشَتْ أسرتان مختلفتان تمامًا.

سكنَتْ أسرةُ الأرانبِ في جُحْرٍ أسفلَ شجرةِ بلُّوطٍ قديمةٍ،

واستقرَّتْ أسرةُ البومِ في عُشٍّ داخلَ تجويفٍ في قمةِ الشجرةِ.

جاءَ فصلُ الربيعِ، ووُلدَ صغيرٌ في كلِّ أسرةٍ في الوقتِ نفسِه.

حلَّتْ أصواتُ الفرحِ محلَّ السُّكونِ والهدوءِ في أعلى الشجرةِ وأسفلِها.

في الصباحِ، عندما تُشرقُ الشمسُ، يُخرِجُ الأرنبُ الصغيرُ أنفَه من الجُحْرِ، ويستعدُّ ليومٍ من الجري والقفزِ في الغابةِ يتعرّف خلالَه على العالمِ من حولِه.

وفي الليلِ، عندما يستقرُّ القمرُ وَسَطَ السَّماءِ، وتتلألأُ النَّجماتُ حولَه، تفتحُ البومةُ الصغيرةُ عينيها، وتطيرُ من منزلِها في الشَّجرةِ مُحَلِّقَةً فوقَ الغابةِ، تنظرُ بانتباهٍ إلى كلّ حركةٍ من حركاتِها فتلقِّنُها دروسَ الحياةِ.

وهكذا، توالَتِ الليالي والأيامُ دونَ أن يعرِفَ الأرنبُ الصغيرُ بوجودِ البومةِ الصغيرةِ، ودونَ أن تعرِفَ البومةُ الصغيرةُ بوجودِ الأرنبِ الصغيرِ.

في يومٍ منَ الأيامِ، قالَتِ الأمُّ للأرنبِ الصغيرِ:
"إنك تميلُ برأسِك مثلَ جارتِنا البومةِ الصغيرةِ!"

وفي إحدى الليالي، قالَ البومُ الأبُ للبومةِ الصغيرةِ:
”يُمكنُكِ أن تقفزي مثلَ جارِنا الأرنبِ الصغيرِ!“

أثارَتْ هذه الكلماتُ فُضُولَ الصغيرين. وزادَتْ معرفتُهما ببعضِهما من خلالِ ما كانَ والداهما يخبرانهما عن الجيرانِ الذين لم يقابلوهما أبدًا؛ فكانا يستمعان لهما بانتباهٍ، ويشعران يومًا بعدَ يومٍ بالرغبةِ في اللقاءِ تكبرُ في قلبيهما.

قالَتِ البومةُ الصغيرةُ : "أمي، هذا الأرنبُ مذهلٌ حقًّا!"

وعبَّر الأرنبُ الصغيرُ عن إعجابِه قائلًا: "أبي، هذه البومةُ رائعةٌ بالفعلِ!"

كانا يرغبان بشدةٍ في التعرُّفِ إلى بعضِهما، لكن تحقيقَ هذا الأمرِ كان في غايةِ الصعوبةِ، أصعبُ بكثيرٍ مما كانا يعتقدان.

تساءلَ الصغيران: "وما سببُ هذه الصعوبةِ؟؟؟"

شرحَتْ أمُّ الأرنبِ الصغيرِ لابنِها: "يا بُنيَّ، نحن حيواناتٌ نهاريَّةٌ، نستيقظُ نهارًا، وننامُ ليلًا".

وفسّرَ والدُ البومةِ الصغيرةِ لابنتِه: "يا صغيرتي، نحنُ مخلوقاتٌ ليليةٌ، نستيقظُ ليلًا وننامُ نهارًا".

وأضافا: "ولهذا السببِ لا نتقابلُ أبدًا، مع أننا نعيشُ بجوارِ بعضِنا".

مرَّ فصلُ الرَّبيعِ، وتبعَه فصلُ الَّصيفِ. وأعلنَ الخريفُ قدومَه بسقوطِ أولِ ورقةٍ من أوراقِ الشجرةِ.

شَهِدَ الصغيران لأولِ مرّةٍ ظهورَ البدرِ.

كانَ الأرنبُ الصغيرُ يستعدُّ لليلةٍ من النومِ الهانىءِ، وكانَتِ البومةُ الصغيرةُ تفرِكُ عينيها، وتفرِدُ جناحيها بعدَ يومٍ من النومِ العميقِ. في هذه اللحظةِ ارتفعَ القمرُ بدرًا في الأفقِ، وأسدلَ أشعتَه البرَّاقةَ على الغابةِ.

سلبَ هذا المنظرُ الأخَّاذُ قلبيهما، ووقفا مندهشين أمامَ هذا الجمالِ. بعدَ أن تأمَّلا القمرَ مليًّا وفي اللحظةِ التي حوّلا فيها بصريهما التقَتِ العيونُ.

“هل أنتَ الأرنبُ الصغيرُ؟”

“هل أنتِ البومةُ الصغيرةُ؟”

“ألم تنمْ بعد؟!”

“من حُسنِ الحظِّ أنكِ استيقظتِ!”

”لقد سمعْتُ الكثيرَ عنكَ!“

”وأنا سمعت الكثيرَ عنكِ أيضًا!“

”هل يُمكنُكِ أن تعلِّميني كيف ترَين
في ظُلمةِ الليلِ؟“

”هل يُمكنُ أن تعلِّمَني كيف تَشُقُّ طريقَك
قفزًا عبرَ الشُّجيراتِ؟“

لقاءٌ لم يدُمْ طويلًا، لكنه كان مُفعمًا بالدهشةِ والانفعالِ.

عندما انسابَ الغيمُ في السماءِ واختفى القمرُ وراءَهُ، شعرَ الأرنبُ الصغيرُ بالنُّعاسِ الشَّديدِ، وزقزقَتْ عصافيرُ بطنِ البومةِ الصغيرةِ جوعًا، فكان لا بدَّ لهما أن يودِّعا بعضَهما.

ومنذُ ذلك اليومِ، ظلا يتذكران هذا اللقاءَ، وكانا يرغبان باللعبِ معًا، لكنهما لم يعرفا كيف يتقابلان.

خطرَتْ ببالِ الوالدين فكرةٌ تساعدُهما على توطيدِ صداقةِ الصغيرين.

اقترحَ والدُ البومةِ الصغيرةِ قائلًا:

"يا بومتي الصغيرةَ، لم لا تترُكين قربَ شجرةِ البلوطِ شيئًا يُخبِرُ الأرنبَ الصغيرَ أخبارًا عن ليلتِكِ".

أما والدةُ الأرنبِ الصغيرِ فقد خطرَتْ ببالِها الفكرةُ ذاتُها، وأخبرَتْ ابنَها بها وأضافَتْ:

"لا شكَّ بأن البومةَ الصغيرةَ ستفهمُ ما تريدُ إخبارَها به".

يا لها من فكرةٍ ذكيةٍ! صارَ بإمكانِهما تبادلُ الأخبارِ.
"عادَتِ البومةُ الصغيرةُ من رحلةٍ طويلةٍ، وتركَتْ لي ريشةَ غرابٍ".

"انشغلَ الأرنبُ الصغيرُ في حفرِ جُحْرِه الأولِ فتركَ لي كَومةً من الترابِ".

ولّى فصلُ الخريفِ والشتاءُ بعدُه.

وفي أولِ يومٍ من أيامِ الربيعِ. شعرَ الصديقان برغبةٍ قويةٍ في الالتقاءِ. لقد استمتعا بطريقةِ تواصلِهما طوالَ هذا الوقتِ، لكنهما كانا يرغبان باللعبِ معًا.

مجددًا، ظهرَ البدرُ ليعطيَهما فرصةً مثاليةً للتلاقي والاستمتاعِ برفقةِ بعضِهما.

عندما اختفى البدرُ خلفَ الغيومِ، شعرَ الصديقان بالحزنِ لاضطرارِهما للانفصالِ من جديدٍ، لكن أمرًا ما حدثَ جعلَ صداقتَهما تتغيّرُ بشكلٍ جَذْريٍّ:

عندما نظرَ أحدُهما إلى الآخرِ، وبدا الأسى في أعينهما، حاولَتْ والداتهما التخفيفَ عنهما، فطلبتا منهما التوجُّهَ إلى السماءِ لطلبِ أُمنيةٍ محددةٍ.

"أرجو أن تتحققَ أُمنيتُكِ يا بومتي الصغيرةَ".

خفقَ القلبان بقوةٍ. أمسكَ كلُّ واحدٍ بيدِ الآخرِ.
وسمِعا فجأةً صَرْخاتٍ مُندهشةً.

تلألأَ ظلانِ فضيانِ تحتَ ضوءِ القمرِ.

ظلُّ الأرنبِ الصغيرِ اتخذَ شكلَ البومةِ الصغيرةِ .

وظلُّ البومةِ الصغيرةِ اتخذَ شكلَ الأرنبِ الصغيرِ .

لقد تحققَتْ أُمنيةُ الصديقين.

منذُ ذلك اليومِ، كلما أشرقَتِ الشمسُ، وارتفعَ القمرُ في السماءِ، وجدَتِ البومةُ الصغيرةُ ظلَّ الأرنبِ الصغيرِ يصاحبُها، ووجد الأرنبُ الصغيرُ ظل البومةِ الصغيرةِ برفقتِه.